Sebastian Bartling

Aus der Reihe: e-fellows.net stipendiaten-wissen

e-fellows.net (Hrsg.)

Band 712

Rawls Theorie der Gerechtigkeit und die Frage nach der konkreten Anwendbarkeit auf die Probleme der Finanzverteilung im Föderalismussystem

GRIN Verlag

Bibliografische Information der Deutschen Nationalbibliothek:

Die Deutsche Bibliothek verzeichnet diese Publikation in der Deutschen National-
bibliografie; detaillierte bibliografische Daten sind im Internet über http://dnb.d-
nb.de/ abrufbar.

Impressum:

Copyright © 2010 GRIN Verlag GmbH
Druck und Bindung: Books on Demand GmbH, Norderstedt Germany
ISBN: 978-3-656-43566-2

Dieses Buch bei GRIN:

http://www.grin.com/de/e-book/214097/rawls-theorie-der-gerechtigkeit-und-die-
frage-nach-der-konkreten-anwendbarkeit

GRIN - Your knowledge has value

Der GRIN Verlag publiziert seit 1998 wissenschaftliche Arbeiten von Studenten, Hochschullehrern und anderen Akademikern als eBook und gedrucktes Buch. Die Verlagswebsite www.grin.com ist die ideale Plattform zur Veröffentlichung von Hausarbeiten, Abschlussarbeiten, wissenschaftlichen Aufsätzen, Dissertationen und Fachbüchern.

Besuchen Sie uns im Internet:

http://www.grin.com/

http://www.facebook.com/grincom

http://www.twitter.com/grin_com

Zeppelin University

Essay

Rawls Theorie der Gerechtigkeit und die Frage nach der konkreten Anwendbarkeit auf Probleme der Finanzverteilung im Föderalismussystem

Bearbeitet von: Sebastian Bartling

Rawls Theorie der Gerechtigkeit und die Frage nach der konkreten Anwendbarkeit auf Probleme der Finanzverteilung im Föderalismussystem

Der im Jahre 2002 verstorbene Rechtsphilosoph John Rawls[1] gilt als einer der größten Gerechtigkeitstheoretiker des 20. Jahrhunderts. In seinem 1971 erstmals veröffentlichten Hauptwerk „A Theory of Justice" kreierte er eine Gerechtigkeitstheorie, welche auf die Idee des Gesellschaftsvertrages zurückgeht. Er konstruiert in einem Gedankenexperiment eine Entscheidungssituation, in der die Menschen über Grundrechte und –pflichten, sowie die Verteilung von gesellschaftlichen Gütern abstimmen. Rawls nimmt den beteiligten Personen die Kenntnis über ihre eigene Stellung in der Gesellschaft und zielt auf eine Einigung über die gerechteste Verteilung von Grundgütern[2] ab.[3]

In dem von Rawls geschaffenen fiktiven Urzustand setzt er Prämissen als Basis der Entscheidung für Gerechtigkeitsgrundsätze, welche für alle Individuen gleichermaßen zutreffen. So besitzt jede Partei, jede Person, einen eigenen, langfristigen Lebensplan und ist mit einem Gerechtigkeitssinn ausgestattet, der es ihr ermöglicht, Gerechtigkeitsgrundsätze zu verstehen und sich an ihnen zu orientieren.[4]

Rawls bedient sich in seiner Theorie einer abstrakten Figur, die er den Schleier des Nichtwissens nennt. Mithilfe dieses Werkzeuges schafft er eine faire

---

[1] J. Rawls ist am 21. Februar 1921 in Baltimore (Maryland) geboren und am 24. November 2002 in Lexington (Massachusetts) gestorben, nachdem er von 1962 bis 1995 an der Harvard University als Professor für Philosophie gelehrt hatte.

[2] Erläuterung im weiteren Verlauf, siehe S. 3

[3] Vgl. Mathis, Effizient statt Gerechtigkeit?, S. 147

[4] Vgl. Mathis, Effizient statt Gerechtigkeit?, S. 149

Ausgangsituation, in der Menschen sich auf Gerechtigkeitsprinzipien einigen. Der Schleier soll ein Hilfsmittel zum Herbeiführen eines möglichst objektiven Entscheidungsprozesses darstellen, in dem er die Menschen von der Kenntnis über persönliche Interessen und ihre gesellschaftliche Stellung löst.[5]

Es wird eine hypothetische Grundsatzformulierung aufgestellt, die in einem Gedankenexperiment mithilfe des fiktiven Urzustandes getestet und solange modifiziert wird, bis eine vollkommene Zustimmung erreicht ist.[6]

Die Rawlssche Gerechtigkeitstheorie kann nur dann erfolgreich sein, wenn die Grundgüter vollkommen frei von ethischen Werten sind. Es muss eine Präferenz zwischen verschiedenen Gütern vermieden werden, indem sie sich auf grundlegende Funktionsleistungen gesellschaftlicher und politischer Institutionen beschränken. [7]

Rawls vertritt in seiner Theorie eine Entscheidung unter Unsicherheit. Diese Art der Entscheidung bedeutet, dass die Wahrscheinlichkeiten, mit der verschiedene Alternativen eintreffen werden, keine Berücksichtigung finden. Es wird davon ausgegangen, dass das schlechtmöglichste Ergebnis sicher eintreten wird. Auf Grund dieser Annahme wird im Entscheidungsprozess versucht, eben diese schlechteste Alternative zu vermeiden und die Beste der möglichen schlechten Entscheidungen zu wählen ("Best-of-the-worst").[8]

So werden sich die Menschen zwangsläufig auf ein egalitaristisches Verteilungsprinzip[9] immaterieller Freiheitsgüter (Freiheitsgrundsatz) und ein nichtegalitaristisches Verteilungsprinzip (Differenzprinzip) materieller (und immaterieller) Grundgüter einigen, mit speziellem Fokus auf die Gruppe der am schlechtesten gestellten innerhalb der Gesellschaft.[10]

---

[5] Vgl. Rawls, Eine Theorie der Gerechtigkeit, S. 112 f.

[6] Vgl. Hoffmann, Kohärenzbegriffe in der Ethik, S. 27

[7] Vgl. Kersting, John Rawls zur Einführung, S. 54 ff.

[8] Vgl. Mathis, Effizient statt Gerechtigkeit?, S. 150 f.

[9] franz.: égalité aus lat.: aequalitas „die Gleichheit"

[10] Vgl. Kersting, John Rawls zur Einführung, S. 70 ff.

Das erste von zwei Grundprinzipien, der Freiheitsgrundsatz, besagt, dass jedermann das gleiche Recht auf das umfangreiche System gleicher Grundfreiheiten haben soll, das mit dem gleichen System für alle anderen verträglich ist. Es wird die Verteilung von Freiheiten, wie der Gewissens- oder Meinungsfreiheit geregelt, sodass eine Chancengleichheit entsteht.[11]

Hingegen bezieht sich das Differenzprinzip im speziellen auf soziale und wirtschaftliche Güter, Vermögen und Einkommen, Ansehen und Macht und den freien und fairen Zugang zu allen Positionen gesellschaftlicher und politischer Funktionsmacht.[12] Das Differenzprinzip regelt die Verteilung nach Lüftung des Schleiers des Nichtwissens, welche in 4 sukzessiven, aufeinander aufbauenden Schritten stattfindet. So gelangen die Parteien des Urzustandes auf jeder Ebene zu einer weiteren Kenntnis, die es ihnen ermöglicht, sich auf den Grundprinzipien aufbauend auf eine Verfassung und folgend auf eine einfache Gesetzgebung zu einigen, welche nach kompletter Auflösung des Schleiers seine Anwendung auf den Einzelfall findet.[13]

Nach Rawls stellt sich auf der Basis des Differenzprinzips ein Überlegenheitsgleichgewicht ein. Hierbei handelt es sich um ein iteratives[14], aber von der Bedeutung her nicht reproduzierbares Verfahren, in dem generelle Prinzipien und Einzelfallurteile miteinander verglichen und angepasst werden. Das Ziel dieses Verfahrens ist die Schaffung eines Gleichgewichts, welches durch Bearbeitung und Veränderung die zu rechtfertigenden Prinzipien mit den partikularen Einzelfallurteilen in kohärenter Weise zusammenbringt.[15]

---

[11] Vgl. Rawls, Eine Theorie der Gerechtigkeit, S. 81

[12] Vgl. Kersting, John Rawls zur Einführung, S. 73

[13] Vgl. Mathis, Effizient statt Gerechtigkeit?, S. 151 f.

[14] vom lat. iterare „wiederholen"

[15] Vgl. Hoffmann, Kohärenzbegriffe in der Ethik, S. 27

Bei Rawls kontraktualistischer Gerechtigkeitstheorie[16] handelt es sich, in Abgrenzung zum konsequentalistischen, ergebnisorientieren, Utilitarismus[17], um eine deontologische Ehtik[18], da man nicht davon ausgehen kann, dass sich alle Menschen auf die gleiche Definition von Gut einigen werden. Hierbei werden den Parteien Handlungsorientierungen an die Hand gegeben, wobei Regelkonformität die Grundlage für den Aufbau einer gerechten Gesellschaft darstellt.[19]

Die Anwendung auf den Länderfinanzausgleich

In der aktuellen Situation des Länderfinanzausgleiches kann man aus finanzwirtschaftlicher Sichtweise etwas überspitzt von einer Art Perversion sprechen. Die reichen Länder sind demotiviert, da weiterer Erfolg lediglich von den ärmeren Ländern abgeschöpft werden würde und die Armen handeln irrational. Größere Erfolge ihrerseits müssten mit Transfereinbußen aus den Geberländern bezahlt werden, sodass immer häufiger der Ruf nach Finanzautonomie zu hören ist. Es fehlen die Anreize und der Ansporn wirtschaftlicher Entwicklung, wenn Länder nicht in der Lage sind, von der eigenen Leistung zu profitieren. Es wird ein Wettbewerbsföderalismus[20] gefordert, welcher nach ökonomischem Leitbild eine Konkurrenz zwischen den

---

[16] Kontraktualismus ist eine Form der Vertragstheorie um staatliche Rechtsordnungen moralisch und institutionell zu begründen, Vgl. Kersting, John Rawls zur Einführung, S. 31

[17] Utilitarismus nach Jeremy Bentham, welcher Ereignisse nach dem Prinzip des größtmöglichen Nutzens bewertet, vom lat. utilitas „Nutzen", Vgl. Meyers Enzyklopädisches Lexikon, Band 24, S. 305

[18] Vgl. Metzler Philosophie Lexikon, S. 101, Deontologisch beschreibt die Orientierung an moralischen und sittlichen Handlungen und Urteilen aus der Verpflichtung zu bestimmten Verhaltensweisen. Hingegen betrachtet die konsequentalistische Ethik die Folgen einer Handlung als Grundlage für deren Bewertung.

[19] Vgl. Kersting, John Rawls zur Einführung, S. 97

[20] Beschreibung eines kompetitiven Föderalismus, in dem regionale Einheiten eines Bundesstaates Entscheidungsgewalten besitzen, sodass ein Wettbewerb zwischen verschiedenen Regionen entsteht.

Ländern erzeugen soll. Steuern sollen wieder Preise für öffentliche Leistungen sein und dem Volk soll die Möglichkeit des Preisvergleiches eingeräumt werden. Doch scheint dieser Ansatz wenig sinnvoll und kaum zielversprechend, denn was geschieht mit einem Land, dass auf dem Markt nicht weiter bestehen kann? In der Ökonomie sind die Folgen klar: Schwächen in der Wettbewerbsfähigkeit bedeuten die Insolvenz und den Rückzug vom Markt. Es stellt sich die Frage, was man sich dementsprechend unter dem Begriff des Länderrückzugs vorzustellen hat. Ist es doch nicht möglich, dass ein Land von der Karte verschwindet, wenn es in diesem Wettbewerb nicht mehr bestehen kann.

Hier scheint die Forderung nach einem gerechten Länderfinanzausgleich wesentlich zielstrebiger und realitätsnäher, sodass es nicht überrascht, dass sich das Bundesverfassungsgericht in seinem Maßstäbe-Urteil   vom 11. November 1999[21] auf John Rawls' vertragstheoretisches Gerechtigkeitskonstrukt stützt, indem es sich auf den Schleier des Nichtwissens beruft.[22] Es fordert eine Lösung der vorliegenden Problematik, indem es eine Gesetzgebung fordert, in welcher die kurzfristigen Eigeninteressen der einzelnen Länder keine Berücksichtigung finden sollten. [23]

Rein formal betrachtet steht das geforderte Maßstäbe-Gesetz zwischen Verfassung und einfacher Gesetzgebung als neue Gesetzesform und stellt somit eine Stufe dar, die in Rawls Theorie nicht berücksichtigt wird. Es handelt sich weder um eine Verfassung, noch um eine direkte Gesetzgebung, sonder es gibt

---

[21] Urteil des BVerfG: Das Gesetz über den Finanzausgleich zwischen Bund und Ländern vom 23. Juni 1993 (Bundesgesetzblatt I Seite 944 <977>), zuletzt geändert durch Artikel 1 Drittes Gesetz zur Änderung des Finanzausgleichsgesetzes und Gesetz zur Änderung des Gemeindefinanzreformgesetzes vom 17. Juni 1999 (Bundesgesetzblatt I Seite 1382), gilt in seiner gegenwärtigen Fassung als Übergangsrecht fort, längstens bis zum 31. Dezember 2004, und bis zu diesem Zeitpunkt nur dann, wenn der Gesetzgeber rechtzeitig - spätestens bis zum 31. Dezember 2002 - die nach Maßgabe der Gründe notwendigen verfassungskonkretisierenden und verfassungsergänzenden allgemeinen Maßstäbe für die Verteilung des Umsatzsteueraufkommens und für den Finanzausgleich einschließlich der Bundesergänzungszuweisungen (Artikel 106, 107 des Grundgesetzes) bestimmt.

[22] Urteilsbegründung des Gerichts, Abschnitt C, Teil I, Absatz 282

[23] Vgl. Heinz, Der Schleier des Nichtwissens im Gesetzgebungsverfahren, S. 336

lediglich Handlungsanweisungen an, nach denen ein allseitig akzeptiertes und langfristig umsetzbares Gesetz zustande kommen soll. Dennoch kann das Gesetz in das Vier-Stufen-System von Rawls eingebunden werden, da vor allem der Grundgedanke, dass der Schleier auch nach der Festlegung von Gerechtigkeitsgrundsätzen noch Anwendung findet, gegeben ist.[24]

In seinem Kern konzentrierte sich das Bundesverfassungsgericht auf die Unkenntnis der Entscheidungsträger zum Zeitpunkt der Festsetzung einer möglichen Verteilungsgerechtigkeit. [25]

Grundsätzlich kann man weiter sagen, dass eine wirkliche Trennung zwischen Länder- und persönlichen Abgeordneteninteressen im Fall des Finanzausgleiches nicht möglich ist. Da Rawls seinen Schleier allerdings in einem Folgewerk überarbeitet und um die Möglichkeit eines Repräsentanten oder Treuhändlers erweitert, welcher stellvertretend für die Interessen bestimmter Positionen steht, kann ein Abgeordneter eine solche Stellung einnehmen: „Daher können wir die Parteien im Urzustand entweder als Repräsentanten (oder Treuhändler) von Personen mit bestimmten Interessen oder als selbst durch diese Interessen bewegt beschreiben. Es macht keinen Unterschied, welche Beschreibung wir wählen, obwohl letztere einfacher ist und ich mich gewöhnlich in dieser Weise ausdrücken werde." [26]

Ein Abgeordneter vertritt verschiedene Interessen, seien es persönliche, die eines bestimmten Berufsstandes, einer Ideologie oder Interessensgruppe (Lobby). Der Schleier des Nichtwissens kann also dazu dienen, seine eigenen und die von ihm zu vertretenden Interessen auszublenden.

Zwangsläufig drängt sich die Frage auf, ob es einem Menschen überhaupt möglich sein kann, seine eigenen oder auch die von ihm zu vertretenden Interessen im Sinne der Gerechtigkeit auszublenden?

---

[24] Vgl. Heinz, Der Schleier des Nichtwissens im Gesetzgebungsverfahren, S. 323

[25] Urteilsbegründung des Gerichts, Abschnitt C, Teil I, Absatz 282

[26] Rawls, Kantischer Konstruktivismus in der Moraltheorie, in: Die Idee des politischen Liberalismus, S.80 und 93

Rawls blendet in seiner Theorie, speziell in der Anwendung seiner Figur des Schleiers des Nichtwissens, den menschlichen Pluralismus[27] aus. Zwar geht er davon aus, dass es sich um Urzustand noch immer um verschiedene Menschen mit individuellen Lebensplänen handelt, doch zwingt das Informationsdefizit die Parteien in den Status eines reinen Subjekts mit rein objektiven Bewertungs- und Urteilsmöglichkeiten. Die bewusst gewählte abstrakte Entscheidungssituation bietet somit keine Möglichkeit einer moralischen Abwägung. Die Menschen sollen strikt egoistisch nach Eigeninteresse entscheiden, wobei ihnen dieser Egoismus, aufgrund der eingeschränkten Kenntnis, nicht vorzuwerfen ist. Sie sind nicht in der Lage zwischen gut und schlecht zu unterscheiden und treten vielmehr als komplette Ebenbilder auf. Es kann kein ausgeprägter Gerechtigkeitssinn ausgemacht werden, da die Verschiedenheit, der Pluralismus, unter den Menschen nicht gegeben ist.[28]

Rawls ist es durchaus gelungen eine sinnvolle, wenn auch abstrakte, Theorie zur Gerechtigkeitsverteilung zu entwickeln, welche durchaus in der Lage ist, ihrem Leitbildcharakter gerecht zu werden, da es sich schließlich in jeder Theorie um nicht mehr als nur ein Gedankenspiel handeln kann, welches versucht, die Realität unter gewissen Prämissen zu vereinfachen. Dennoch ist die Anwendbarkeit eines solch surrealen Modells, wie das des Schleiers des Nichtwissens und des damit künstlich erzeugten Informationsdefizits auf eine Problematik der aktuellen Politik wenig übertragbar, da es in seiner Umsetzbarkeit nicht wirklichkeitsnah ist.

Das Problem einer dauerhaften und gerechten Verteilung der Gelder unter den Ländern wird auch in Zukunft nicht einfach mit theoriebasierten Gedankenspielen zu lösen sein.

---

[27] Pluralismus beschreibt in der Politik die Idee der zeitgleichen Existenz verschiedener Systeme, Interessen, Ansichten und Lebensstile, Vgl. Meyers Enzyklopädisches Lexikon, S. 805

[28] Vgl. Benhabib, Selbst im Kontext: Kommunikative Ethik im Spannungsfeld von Feminismus, Kommunitarismus und Postmoderne, S. 42 ff.

Literaturverzeichnis

Benhabib, Seyla   *Selbst im Kontext: Kommunikative Ethik im Spannungsfeld von Feminismus, Kommunitarismus und Postmoderne, 3. Auflage, 1995, Berlin*

Heinz, Vanessa   *Der Schleier des Nichtwissens im Gesetzgebungsverfahren, in: Hannoversches Forum der Rechtswissenschaften, Band 33, Juristische Fakultät der Gottfried Wilhelm Leibniz Universität Hannover (Hrsg.), 2009, Baden-Baden*

Hoffmann, Martin   *Kohärenzbegriffe in der Ethik, in: Ideen & Argumente, W. Hinsch und L. Wingert (Hrsg.), , 2008, Berlin*

Kersting, Wolfgang   *John Rawls zur Einführung, 3. Auflage, 2008, Dresden*

Mathis, Klaus   *Effizient statt Gerechtigkeit? Auf der Suche nach den philosophischen Grundlagen der Ökonomischen Analyse des Rechts, 3. Auflage, 2009, Berlin*

Rawls, John   *Kantischer Konstruktivismus in der Moraltheorie, in: Die Idee des politischen Liberalismus: Aufsätze 1978-1989, Winfried Hinsch (Hrsg.), 4. Auflage, 2007, Berlin*

     The Theorie of Justice, 1971, Cambridge; revidierte Ausgabe 1999; dt. (von Herman Vetter auf der Grundlage eines revidierten Textes übersetzt): Eine Theorie der Gerechtigkeit, 1975, Frankfurt a.M.

Lexika   *Meyers Enzyklopädisches Lexikon, 9. Auflage, 1981,*
                        Mannheim

                        Metzler Philosophie Lexikon, Peter Prechtl und Franz-
                        Peter Burkard (Hrsg.), 2. Auflage, 1999, Stuttgart und
                        Weimar